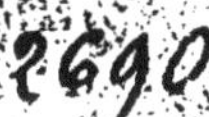

INSTALLATION FRIGORIFIQUE

DE LA MORGUE

TROISIÈME LETTRE

A

MONSIEUR LE PRÉFET DE LA SEINE

PAR

CH. TELLIER

INGÉNIEUR CIVIL, MEMBRE DE LA SOCIÉTÉ FRANÇAISE D'HYGIÈNE.
DE LA SOCIÉTÉ DES GENS DE LETTRES ET DE DIVERSES SOCIÉTÉS SAVANTES

PARIS

IMPRIMERIE CENTRALE DES CHEMINS DE FER

A. CHAIX ET Cᵉ

RUE BERGÈRE, 20, PRÈS DU BOULEVARD MONTMARTRE

1881

INSTALLATION FRIGORIFIQUE

DE LA MORGUE

TROISIÈME LETTRE

À

MONSIEUR LE PRÉFET DE LA SEINE

PAR

CH. TELLIER

INGÉNIEUR CIVIL, MEMBRE DE LA SOCIÉTÉ FRANÇAISE D'HYGIÈNE,
DE LA SOCIÉTÉ DES GENS DE LETTRES ET DE DIVERSES SOCIÉTÉS SAVANTES

PARIS

IMPRIMERIE CENTRALE DES CHEMINS DE FER

A. CHAIX & Cie

RUE BERGÈRE, 20, PRÈS DU BOULEVARD MONTMARTRE

1881

Tous droits réservés

A Monsieur le Préfet de la Seine.

Monsieur le Préfet,

En vous adressant cette troisième lettre relative à l'installation frigorifique de la Morgue, mon intention n'est pas d'insister pour l'adoption de mon projet. Je vous prie au contraire, Monsieur le Préfet, de considérer comme n'existant plus les propositions que j'ai eu l'honneur de vous faire à ce sujet.

Toutefois, en vous faisant connaître cette résolution, je suis désireux que votre opinion ne puisse se méprendre sur le sentiment qui me guide. Vous pourriez croire, si je n'entrais dans quelques explications, que le but de ma détermination est de dissimuler une sorte de défaite, semblant résulter du rapport de la Commission du Conseil d'hygiène publique et de salubrité de la Seine.

Ceci n'est pas, et pour le prouver il me suffira de montrer que les conclusions du rapport de ladite Commission conduisent la Ville à une installation ne remplissant pas le but désiré.

Cette démonstration faite, il restera évident que, loin de me retirer, je pourrais, en présence de cette situation, insister pour l'adoption de mon projet, sur lequel M. le docteur Brouardel, dans son premier rapport, s'exprimait ainsi : « Si ce » système de conservation était appliqué à la » Morgue, nous pouvons dire que le problème sera » résolu *d'une façon beaucoup plus parfaite que dans tous* » *les instituts que nous avons visités à l'étranger.* »

Mais, je le répète, je renonce complètement à cette application. Et en effet, tant que le refroidissement de la Morgue présentait un progrès d'intérêt public, je savais vaincre la répugnance que ce travail m'inspirait. Aujourd'hui que l'Administration, méconnaissant l'initiative que j'ai prise à ce sujet, ne fait plus de cette innovation qu'une question de concurrence commerciale, elle ne comporte plus qu'une besogne repoussante, n'ayant pour mobile que des bénéfices, que, dans cette affaire, je n'ai jamais eus en vue.

Je viens de dire que j'allais prouver qu'en adoptant les conclusions de la Commission du Conseil d'hygiène l'Administration n'atteindra pas le but recherché.

Cette assertion, Monsieur le Préfet, vous paraîtra peut-être un peu osée. Mais, si vous voulez bien vous rappeler que dans ma précédente lettre (1) j'ai prouvé que l'installation qu'on allait alors adopter était défectueuse et coûterait près de 50,000 francs en plus de ce qu'il fallait réellement dépenser, vous voudrez bien en conclure que je ne m'explique pas à la légère, et que les arguments que j'emploie sont basés sur des faits sérieux.

Il en sera ainsi dans cette présente discussion, et pour qu'elle soit aussi loyale que possible, je vais d'abord reproduire le rapport dont je me propose de combattre les conclusions.

---

(1) *Deuxième Lettre à Monsieur le Préfet de la Seine.* — Paris, Auguste Ghio.

RAPPORT DE LA COMMISSION

NOMMÉE PAR LE

CONSEIL D'HYGIÈNE PUBLIQUE ET DE SALUBRITÉ

DU DÉPARTEMENT DE LA S?

Sur les différents appareils frigorifiques proposés en vue de la
conservation des cadavres à la Morgue.

Monsieur le Préfet,

Le Conseil général de la Seine, dans la séance du jeudi 24 juin
1880, a voté, sur la proposition de M. Villeneuve, le renvoi au Conseil d'hygiène publique et de salubrité de l'examen des modifications
à apporter aux dispositions intérieures de la Morgue, afin qu'il donnât son avis sur les divers systèmes proposés en vue de la conservation des cadavres par le froid.

Le Conseil d'hygiène publique et de salubrité, dans sa séance du
23 juin, a nommé une Commission qu'il a chargée d'examiner les
différents appareils frigorifiques et les projets d'installation proposés
par divers constructeurs pour répondre au vœu exprimé par le Conseil général (1).

Les conditions dans lesquelles ont été placés les nouveaux commissaires étaient différentes de celles en présence desquelles s'était
trouvée la première Commission. En effet, de nouveaux concurrents
se sont présentés avec des projets non encore étudiés, et parmi ceux
dont les propositions avaient été l'objet d'un premier examen, plu-

---

(1) Cette Commission était composée de :
MM. Du Souich, Inspecteur général des Mines, *président*;
    Luuyt, Ingénieur en chef des Mines, *vice-président*;
    Dr Brouardel, professeur à la Faculté de Médecine;
    Dr Bourneville, membre du Conseil municipal et du Conseil général;
    Dr Villeneuve, membre du Conseil général;
    De Luynes, professeur au Conservatoire des Arts et Métiers, *rapporteur*.

sieurs ont proposé des modifications ou des perfectionnements à leurs propositions primitives. Il a donc fallu reprendre l'étude générale des projets soumis au Conseil afin de pouvoir apprécier tout d'un jet et d'une manière rigoureuse la valeur de chacun d'eux.

Les conditions dans lesquelles le service frigorifique doit fonctionner à la Morgue ont été formulées avec une grande netteté par M. le docteur Brouardel dans le rapport présenté à la Commission spéciale instituée par arrêté préfectoral du 6 octobre 1879.

Ces conditions sont les suivantes :

1° Soumettre, dès leur arrivée à la Morgue, à une température de — 15° à — 20° les corps que l'on veut conserver;

2° Les porter ensuite dans une salle dont la température oscillera entre — 4° et — 1° environ.

La première condition est imposée par la mauvaise conductibilité du corps humain et par la lenteur avec laquelle il se refroidit. Comme M. Jamin l'a fait observer avec beaucoup de raison, les corps arrivent souvent à la Morgue dans un état de putréfaction très avancée qu'il importe d'arrêter le plus rapidement possible; une température peu inférieure à 0° ne serait pas suffisamment efficace; il faut donc hâter le refroidissement des corps par l'application d'un froid énergique, pour pouvoir ensuite les soumettre utilement à l'action d'une température moins basse, capable d'assurer leur conservation sans entraver d'une manière fâcheuse les opérations de l'autopsie.

Il résulte de là que l'appareil frigorifique employé devra être capable de produire un abaissement de température de — 15° à — 20° d'abord; et ensuite de maintenir de — 4° à — 1° les salles où les corps seront exposés ou conservés.

Mais l'appareil employé doit satisfaire à d'autres conditions importantes : d'abord l'air froid entourant les corps à conserver devra être tranquille. Car il résulte des observations de M. le docteur Brouardel que lorsque l'air se renouvelle rapidement autour d'un cadavre congelé la peau brunit et se parchemine; ce qui rend plus difficile la reconnaissance de l'identité des individus.

En second lieu, il n'est pas possible d'installer à la Morgue une machine à vapeur un peu importante, parce que le sol est instable.

En résumé, il faut une machine qui soit puissante au point de vue de l'action frigorifique et qui soit mise en marche par un appareil simple, peu pesant et ne dépassant pas, comme dimension, l'élévation des bâtiments de la Morgue.

C'est en vue de ces conditions que la Commission a dirigé ses travaux. Elle s'est d'abord rendue à plusieurs reprises à la Morgue, afin de se rendre compte de la disposition des lieux et de bien connaître les conditions matérielles qui devaient être remplies par l'appareil frigorifique. Elle a été renseignée de la manière la plus complète par M. le docteur Brouardel sur la nature spéciale et délicate du service de la Morgue.

La Commission a visité ensuite les ateliers et usines dans lesquels sont construits ou fonctionnent les appareils à froid qui lui ont été soumis. Elle a examiné successivement :

Les ateliers de MM. Giffard et Berger, rue des Entrepreneurs, 4, 5, 6, à Grenelle.

Les ateliers de M. Tellier, rue Herold, 20, à Auteuil.

Les ateliers de la Compagnie des glacières de M. Raoul Pictet, quai Jemmapes, 152.

Les ateliers de M. Hermann-Lachapelle, rue du Faubourg-Poissonnière, 144.

Les ateliers de MM. Mignon et Rouart, boulevard Voltaire, 137.

Enfin, sur la demande de certains constructeurs, elle s'est rendue dans les usines et établissements où leurs appareils étaient en activité :

Au pavillon de Breteuil, à la Société géodésique internationale, où sont installés les appareils de M. Raoul Pictet ;

Au Conservatoire des Arts et Métiers, où les appareils Tellier sont utilisés ;

Aux glacières du Bois de Boulogne, où fonctionnent les appareils Carré, construits par MM. Mignon et Rouart.

Dans chacune de ces visites, la Commission a reçu les renseignements relatifs à la marche des machines, à leur dépense en charbon, au poids de glace produit, à leur prix ; elle a constaté au moyen du thermomètre la température des bains ou des enceintes refroidis ; enfin elle a reçu de chaque concurrent tous les documents qu'elle a jugé nécessaire de leur demander ou qu'ils lui ont directement soumis : c'est le résultat de ces recherches qui va être développé dans la suite de ce rapport.

Les machines présentées à la Commission peuvent se grouper en trois classes :

Les machines à force motrice ;
Les machines à gaz liquéfiable ;
Les machines à affinité.
A la première classe appartient la machine Giffard et Berger ;
A la seconde, les procédés Tellier et Raoul Pictet ;
A la troisième les appareils Carré, construits par Mignon et Rouart.

Nous allons les examiner séparément.

MACHINE GIFFARD ET BERGER

La machine Giffard et Berger fonctionne d'après le principe de la compression et de la détente successives de l'air avec restitution d'une partie du travail mécanique développé.

L'air est comprimé d'abord au moyen d'un piston spécial agissant d'une manière hermétique, et avec le moins de frottement possible, dans un cylindre où la pression atteint deux à trois atmosphères environ. Cet air échauffé par la compression à 150 degrés centigrades est ramené à la température ordinaire en circulant sous pression dans un faisceau tubulaire refroidi par un courant d'eau de puits à 14 degrés.

L'air comprimé et froid est conduit dans un autre cylindre dit « cylindre moteur de détente », sous un piston qui, en se soulevant, offre à l'air comprimé un espace libre, dans lequel la détente se produit.

Cet air, agissant sur un piston analogue à celui employé pour la compression, restitue, sous une pression variant de deux à trois atmosphères, le travail dû à l'obtention de la pression, en produisant par ce fait seul une température différentielle de 60 à 80 degrés centigrades. L'effet exercé sur le piston de détente compense directement dans le rapport des surfaces des pistons le travail dépensé par la compression de l'air dans le réservoir.

Chaque appareil installé à Grenelle lance par heure un volume de huit cents mètres cubes, à une température de — 40°, la pression étant seulement de 2, 4 atmosphères dans le réservoir, et la température de l'air étant de 22 degrés centigrades à son entrée dans le cylindre de détente ; autrement dit, l'appareil, fonctionnant sous une pression de 2 atmosphères, donne un abaissement de température de 62 degrés en absorbant une force de dix-huit à vingt chevaux. Le même appareil, par un réglage convenable des cames, peut produire à 3 atmosphères un abaissement de température de 75 degrés et donner de l'air à — 85°.

Le travail frigorifique fourni par la machine est directement utilisé dans des chambres à refroidir, ou congélateurs, où se trouve placée, soit dans des vases, soit dans des carafes, l'eau à congeler.

Dans le petit congélateur, dont le volume est de 90 mètres cubes, la température est de — 15° et s'abaisse, suivant MM. Giffard et Berger, jusqu'à — 22°, lorsque les 3,500 litres d'eau placés dans la chambre sont entièrement congelés. Une seconde chambre de 240 mètres cubes, dans laquelle la température s'abaisse à — 8°, enveloppe le congélateur. Enfin une chambre extérieure de 100 mètres cubes, et dans laquelle la température varie de + 1° à — 2°, sert à la manipulation de la glace et des carafes frappées.

Le grand congélateur de Grenelle a un volume de 650 mètres cubes, les chambres destinées à la conservation des viandes et denrées alimentaires et maintenues à la température de — 6° ont un volume total de 1,500 mètres cubes.

Chaque appareil, fournissant 800 mètres cubes d'air froid par heure, donne 2,500 kilogrammes de glace par jour avec un volume utilisable en plus de 17,600 mètres cubes d'air froid à — 2° centigrades pour la conservation des matières alimentaires.

La consommation en charbon pour obtenir ce résultat est de 1,000 kilogrammes par jour, au prix moyen de 22 francs, d'après MM. Giffard et Berger.

La température de l'air ambiant n'influe que dans un très faible rapport sur le rendement frigorifique de l'appareil, qui dépend surtout de la température de l'eau employée au refroidissement de l'air comprimé. L'eau de puits employée à Grenelle est à 14° ; le rendement est donc à peu près le même en hiver et en été.

Lors de la première visite de la Commission, MM. Giffard et Berger ont déclaré que la température de l'air à la sortie du cylindre de détente et sous une pression de 2 atmosphères 1/2 était de — 40° en employant une machine de 20 chevaux, et qu'une machine cinq fois moindre suffirait pour la Morgue.

D'après les données fournies par eux, un kilogramme de charbon donne 2 kilogrammes 1/4 à 2 kilogrammes 1/2 de glace :

Dans une autre visite de la Commission, une seule machine de 25 chevaux étant en marche, la température du congélateur a été trouvée au thermomètre *a minimá* de — 9° (1).

---

(1) En ne tenant pas compte de la présence de la vapeur d'eau dans l'air, et en supposant que la détente ramène rigoureusement l'air à la pression

La force motrice nécessaire à la production du froid, dans le système Giffard et Berger, exige l'emploi de machines puissantes dont le poids et le volume ont attiré l'attention de la Commission, comme peu compatibles avec les dimensions restreintes et le peu de stabilité attribuée au terrain sur lequel elles devaient être établies, en outre, le fonctionnement des appareils produisait un bruit intense, qui n'aurait pas pu être toléré à la Morgue. Depuis, MM. Giffard et Berger ont paré à ce dernier inconvénient par la construction de machines silencieuses, mais qui présentent toujours le même poids et le même développement. Il faut remarquer aussi que la machine Giffard et Berger donne de l'air froid qui ne pourrait être utilisé à la Morgue que directement.

D'une part, et par les considérations développées plus haut, il n'est pas possible de refroidir les corps par un courant d'air froid, et d'autre part la chaleur spécifique de l'air et sa faible masse font que le refroidissement indirect par un intermédiaire conducteur ne serait pas assez énergique pour répondre aux résultats que l'on veut obtenir.

---

de l'atmosphère avant sa sortie de la machine, M. Lunyt a pu calculer avec une exactitude suffisante pour la pratique les éléments de la machine Giffard et Berger d'après les données suivantes :

La machine à vapeur est de 25 chevaux et donne 53 coups par minute. L'air est comprimé à 2 1/2 atmosphères et envoyé dans un réfrigérant à la température de l'eau employée, d'où il est repris par une pompe dans laquelle il se détend de 2 1/2 atmosphères à 1 atmosphère, et il s'écoule refroidi dans le congélateur. La consommation est de 800 mètres cubes d'air à l'heure et la production de 3,000 kilogr. de glace environ par 24 heures.

La machine à vapeur ne brûle pas moins de 2 kilogr. de houille par cheval et par heure, soit 50 kilogr. à l'heure, ou 1,200 kilogr. par jour; ce qui, pour une production de 3,000 kilogr. de glace, donne 2 k. 5 de glace pour 1 kilog. de houille.

Le travail produit par la détente est :

$$T = P\,V. \log. \text{nep. } 2, 5.$$
$$P = 10,000 \text{ kilogr. (pression par mètre carré au lieu de 10,300).}$$
$$V = 800 \text{ mètres cubes.}$$
$$l. 2,5 = 0,91629.$$
$$T = 7,200,000 \text{ kilogrammètres par heure}$$

En chevaux on a :

$$\frac{T}{75 \times 60 \times 60} = 26 \text{ chevaux.}$$

Ce travail est l'équivalent de $\frac{T}{425}$ ou 17,000 calories.

Si elles étaient employées sans perte à la congélation de l'eau, à raison de 100 calories par kilogr. de glace, on aurait 170 kilogr. de glace à l'heure ou 4,000 kilogr. environ en 24 heures.

1 mètre cube d'air pesant 1 k. 3 (sa chaleur spécifique étant 0,23 donne 9,100 kilogrammètres en se détendant de 2 1/2 atmosphères à 1 atmosphère. C'est l'équivalent de 21 calories (à 425 kilog. par calorie). — L'abaissement de température sera donné par l'équation :

$$1 \text{ k. } 3 \times 0,23 \times t = 21 \text{ calories, d'ou } t = 70^\circ.$$

L'air étant à 20° serait refroidi à — 50° si aucune chaleur n'était restituée par les circonstances extérieures.

Ces résultats montrent qu'il faut regarder comme exactes les données fournies par MM. Giffard et Berger sur le rendement de leur machine.

En résumé, le système Giffard et Berger exige l'emploi de machines puissantes, son rendement est faible, la dépense en charbon relativement considérable, et enfin l'abaissement de température qu'elle donnerait à la Morgue dans les conditions où l'on pourrait l'utiliser serait trop faible.

La Commission est donc d'avis que la machine Giffard et Berger, malgré les avantages qu'elle pourrait présenter sous d'autres rapports, n'est pas de nature à être utilement appliquée au service de la Morgue.

MACHINE TELLIER

M. Tellier utilise dans la machine qu'il a proposée le froid produit par l'évaporation de l'oxyde de méthyle. Ce corps, découvert en 1835, par MM. Dumas et Péligot, est gazeux à la température ordinaire, il se liquéfie sous une pression de 8 atmosphères et il bout à la température de 23°.

La machine de M. Tellier se compose d'un frigorifère construit comme une chaudière tubulaire; une pompe sert à faire passer un liquide incongelable dans les tubes du frigorifère, et le conduit dans un réservoir, d'où il est distribué dans les appareils à refroidir. L'oxyde de méthyle vaporisé est repris par une pompe de compression, qui le liquéfie sous une pression de 8 atmosphères dans un condenseur d'où il retourne au frigorifère; il y a donc une double circulation de l'oxyde de méthyle au frigorifère et ensuite à la pompe de compression, et du liquide incongelable qui traverse les tubes du frigorifère.

La Commission n'a pas vu fonctionner la machine de M. Tellier; ses ateliers, rue Hérold, n° 20, étaient en voie d'installation, les machines étaient démontées et les différentes parties qui les composent ont été seulement présentées à la Commission. La machine installée au Conservatoire des Arts et Métiers n'a pas pu être mise en marche lors de la visite de la Commission; les renseignements qui suivent ont été fournis par M. Tresca.

La machine de la Commission du Mètre représente le type de 5,000 calories par heure; elle est mise en mouvement par une machine anglaise, déjà ancienne, de 8 chevaux, dont toute la force ne serait pas employée. M. Tresca pense qu'il y a à peu près 6 chevaux utilisés et, par conséquent, un cheval correspond probablement à 1,000 calories; il faudrait compter 2 à 3 kilogrammes de charbon par cheval en prenant 3 kilogr. pour 1,000 calories; 1 kilogr. de charbon produirait 333 calories, soit entre 3 et 4 kilogrammes de glace, en comptant que la production de 1 kilogramme de glace exige 100 calories.

L'oxyde de méthyle est un corps coûteux, sur le prix duquel nous n'avons pas pu être renseignés d'une manière exacte par M. Tellier; il y aurait peu de déperdition pendant la marche de la machine. La compression de l'oxyde de méthyle dégageant une grande quantité de chaleur qui porte les tubes à une température élevée, M. Tellier a soumis à la Commission le dessin d'une machine à cloches et à pistons liquides, destinée à éviter cet inconvénient ainsi que les fuites de gaz; mais cette machine n'est qu'à l'état de projet et n'a pas encore été exécutée.

La Commission, sans méconnaître la valeur des recherches de M. Tellier et le zèle qu'il y a déployé, pense que l'installation projetée à la Morgue ne doit pas servir à des essais; par ces motifs et en l'absence de renseignements plus complets sur les machines qui se trouvent dans les ateliers de M. Tellier, tenant compte enfin de la nature spéciale du liquide employé, elle hésiterait à proposer son système.

MACHINE RAOUL PICTET

On retrouve dans cette machine des dispositions analogues à celles de l'appareil Tellier, c'est-à-dire un réfrigérant tubulaire dans lequel est renfermé de l'acide sulfureux liquide. Cet acide, qui bout à 11 degrés au-dessous de zéro refroidit, en s'évaporant, un liquide incongelable qui est distribué dans les appareils à refroidir. La vapeur de l'acide sulfureux est aspirée par une pompe aspirante et foulante, qui la comprime et la fait passer à l'état liquide dans un condenseur tubulaire, traversé par un courant d'eau, qui enlève la chaleur produite par le changement d'état du gaz sulfureux, et par le travail de la compression. La pompe à double effet est simple, le piston est métallique, son mouvement est doux à cause de la propriété que possède l'acide sulfureux d'être un excellent lubréfiant; elle est mise en mouvement par une machine à vapeur.

C'est une machine de cette nature qui est installée au pavillon de Breteuil pour le service de la Commission internationale de géodésie. Il en sera parlé plus loin.

Les machines qui fonctionnent quai Jemmapes, n° 162, servent à préparer des carafes frappées ou des mouleaux de glace; la première amène le liquide incongelable à — 11° et la seconde à — 4°. Ces températures, qui ont été vérifiées par la Commission, sont celles de la marche normale de la fabrication; les appareils fonctionnent avec une grande régularité; des manomètres donnent à chaque instant la pression à l'aspiration et à la compression; la pression à l'aspiration est à zéro de 0,5 atmosphère, et à la compression de 2,5 atmosphères. Lorsqu'on arrête la machine, la production de froid cesse, et les deux manomètres se mettent en équilibre; lorsqu'on la remet en marche la production de froid a lieu au bout de 15 ou 20 tours; elle offre donc cet avantage de pouvoir être arrêtée et remise en marche en produisant tout de suite son effet. D'après les déclarations de M. Pictet, un kilogr. de charbon produirait 11 kilogr. de glace. Pour produire 1150 kilogrammes de glace, il faut une machine de 45 chevaux et pour 300 kilogrammes une machine de 10 chevaux.

La machine Pictet donne des résultats satisfaisants; et les inconvénients résultant de l'emploi des pompes sont en partie évités ou diminués par une construction très soignée, mais elle ne paraît pas capable de donner et de maintenir facilement des températures de — 15° à — 20°; à ces basses températures, la tension de vapeur de l'acide sulfureux est faible, et les cylindres des machines ne donnent plus que peu de travail, parce qu'ils ne contiennent qu'un poids peu considérable de vapeur.

La Commission est d'avis que la machine Pictet est une de celles qui, au point de vue de la production du froid, et en réservant la question de l'outillage mécanique, pourraient être appliquées au service frigorifique de la Morgue.

MACHINE CARRÉ, CONSTRUITE PAR MM. MIGNON ET ROUART

Cette machine utilise le froid produit par l'évaporation du gaz ammoniac liquéfié sous sa propre pression ; elle diffère des machines précédentes en ce qu'elle n'emploie pas de pompe et qu'elle n'exige pour sa marche qu'une force motrice insignifiante.

Une solution saturée de gaz ammoniac dans l'eau à basse température est chauffée dans une chaudière à une température de 150 degrés environ. Le gaz ammoniac chassé de sa solution se rend par un tube dans un récipient refroidi par un courant d'eau ; l'appareil étant clos, la pression augmente et devient assez forte pour liquéfier l'ammoniaque ; le gaz liquéfié se rend dans un réfrigérant communiquant par un autre tube avec un réservoir renfermant de l'eau, lequel communique avec la chaudière primitive. L'ammoniac liquéfié donne, en s'évaporant, du gaz qui est rapidement absorbé par l'eau du réservoir ; par le fait de cette dissolution l'évaporation continue à la basse température de — 35°, point d'ébullition de l'ammoniac. La solution ammoniacale, régénérée dans le réservoir, retourne à la chaudière, où elle abandonne de nouveau son gaz qui se liquéfie ; l'appareil forme donc un circulus dans lequel le gaz amoniac est successivement liquéfié, évaporé et redissous par l'eau, tandis que la chaleur dégagée pendant la liquéfaction et la dissolution du gaz est absorbée par un courant d'eau suffisamment énergique. On voit que dans cet appareil la pompe est supprimée, et remplacée, comme effet, par l'affinité du gaz ammoniac pour l'eau ; de là le nom de machine à affinité sous lequel on le désigne. Comme force motrice, cette machine n'en exige d'autre que celle qui est nécessaire pour le mouvement du liquide régénéré à la chaudière, ce qui consomme très peu de force ; il faut environ un sixième de cheval pour une machine produisant 50 kilog. de glace à l'heure.

Dans la machine construite par MM. Mignon et Rouart, la production de glace est de 8, 10, 12 et même 15 kilogrammes de glace par kilogramme de charbon brûlé. La pression dans la chaudière est de 10 à 11 atmosphères ; pour une machine de 50 kilogrammes, il suffit, comme force motrice, de 20 à 25 minutes par heure de travail d'homme pour l'entretenir. La température du bain incongelable, soit dans les ateliers de MM. Mignon et Rouard, soit aux glacières du bois de Boulogne, où 2 machines de 300 kilogrammes à l'heure fonctionnent depuis 12 ans, a toujours été trouvée par nous de — 15° à — 18° ; elle peut être facilement abaissée. C'est donc une machine puissante, n'exigeant qu'une force motrice insignifiante, et dont la Commission regarde l'emploi à la Morgue comme pouvant donner des résultats sérieux.

Nous ne parlerons que pour mémoire d'une machine proposée par M. Galland, de Dresde, représenté à Paris par M. Collet, et que la

Commission a vu fonctionner dans les ateliers de M. Hermann-Lachapelle, rue du Faubourg-Poissonnière. Dans cette machine le froid est produit par l'évaporation de l'eau dans le vide; un réservoir en fonte, pouvant être ouvert à volonté et fermé hermétiquement au moyen d'une porte, est muni, à la partie supérieure, d'un tube fin par lequel coule un mince filet d'eau qui tombe goutte à goutte dans le réservoir. Le tube est entouré d'un manchon où circule un courant d'eau qui le maintient à la température ordinaire ; une puissante machine pneumatique, qui marche avec une grande perfection, fait dans le réservoir le vide à deux millimètres de pression environ; l'eau dans le vide s'évapore en partie et donne de la glace qui se dépose sous forme de stalagmites au fond du réservoir. Dans les idées de l'inventeur cette machine pourrait être utilisée en enfermant les cadavres dans des cercueils au milieu desquels on ferait le vide par le moyen qui vient d'être décrit.

Les machines frigorifiques proposées étant connues par la description qui vient d'être donnée, nous allons examiner les dispositions imaginées par chaque concurrent pour les appliquer au refroidissement et à la conservation des corps déposés à la Morgue.

PROJET DE MM. GIFFARD ET BERGER

Dans le projet de MM. Giffard et Berger, la salle d'exposition serait doublée au moyen d'une paroi métallique séparée de la paroi extérieure par un couloir dans lequel circulerait l'air refroidi. Dans ce couloir on placerait des alvéoles pour déposer les corps que l'on voudrait soumettre à un refroidissement rapide et considérable.

MM. Giffard et Berger estiment les frais d'installation à 60,000 fr. et la dépense annuelle d'entretien à 12,500 francs.

La Commission n'a eu à sa disposition aucun détail relatif aux données qui servent de base à cette estimation. Comme cela a été dit plus haut, la Commission est d'avis que l'emploi de l'air froid pour refroidir une paroi métallique ne serait pas pratique à cause de la faible densité de l'air, et qu'il ne serait possible d'arriver à une température suffisamment basse qu'au moyen d'un développement de force motrice tout à fait incompatible avec les conditions imposées par la nature et les dimensions des bâtiments de la Morgue.

PROJET DE M. TELLIER

La machine de M. Tellier serait employée à refroidir une solution incongelable de chlorure de calcium qui circulerait dans une tuyauterie formant une paroi recouvrant les trois murs de la salle d'exposition et séparée d'eux par des surfaces isolantes. La façade antérieure vitrée consisterait en un double vitrage pour éviter le dépôt du givre. Indépendamment des tables d'exposition, deux armoires métalliques à étagères multiples pourraient recevoir chacune quatre sujets.

L'installation comprendrait :

Machine frigorifique avec moteur à gaz, posé et installation. . . . . Fr. 24.000 »
Isolement de la salle : vitrage. 17.654 55
Utilisation du froid produit; cylindres conservant du froid ; liquide incongelable; pompe de circulation.. . . 15.923 20
Réservoirs de circulation avec alvéole frigorifique pour le refroidissement préalable des corps.. . . . . 7.376 »

TOTAL . . . . . . Fr. 64.953 75

Comme imprévu, M. Tellier ajoute . . . . Fr. 3.000 »
L'entretien par 12 heures serait de 19 40

PROJET DE M. RAOUL PICTET

Ce projet repose sur les considérations suivantes :

Les cadavres apportés à la Morgue forment deux catégories :

1° Ceux qui sont exposés dans le but de les faire reconnaître ;

2° Ceux dont l'identité est reconnue et dont on attend la réclamation, ou qui sont l'objet d'une expertise médico-légale.

Les appareils de conservation présentent donc deux formes distinctes ; mais dans les deux cas les corps sont placés dans des espaces aussi réduits que possible, formés par des parois métalliques contre lesquelles circule une solution incongelable de chlorure de magnésium qui n'attaque pas les métaux, comme cela est installé au pavillon de Breteuil. Ce liquide se refroidit constamment en circulant dans le réfrigérant de l'appareil producteur du froid. La circulation est produite par une pompe.

Le four frigorifère destiné aux corps de la deuxième catégorie permet de donner au refroidissement une grande énergie. Il comprend neuf cases cylindriques encastrées à même dans une cuve en tôle traversée par le liquide froid dans toute sa longueur.

A l'intérieur de chaque case, des rouleaux reçoivent la planche métallique sur laquelle est placé le cadavre. La cuve est enveloppée de menuiserie et isolée par une couche de débris de liège. Chaque case est fermée par un disque métallique muni d'un joint de caoutchouc. Le liquide incongelable étant à — 5°, par exemple, la vapeur d'eau contenue dans l'air se dépose à l'état de givre contre la paroi froide, et l'air devient sec.

M. Pictet admet qu'un cadavre pesant environ 70 kilogrammes, et à la température de 35°, représente au plus pour être amené à 0° une absorption de 2,500 calories.

Il estime que, dans chaque case du four il est émis par heure 225 calories, en supposant que le cylindre ait 4^m,50 de surface intérieure et que pour un excès de température de 10° de l'air sur la paroi intérieure il y ait absorption de 50 calories par mètre carré et par heure.

Dans ces conditions le cadavre pourrait être refroidi en 11 heures.

La vitrine d'exposition actuelle de la Morgue reçoit un double vitrage. Une rigole inférieure où l'on mettrait de la chaux vive servirait à dessécher l'air compris entre les deux vitrages.

La lumière, venant du cintre, traverserait également un double vitrage incliné.

Le refroidissement est opéré par deux bacs métalliques dans lesquels circule le même liquide incongelable qui sert aux autres appareils. Un bac est situé au faîte des deux vitrages doubles. Un autre est disposé au-dessous des tables d'exposition.

A cause de la hauteur de cette enceinte, il conviendrait de déterminer un courant d'air intérieur sans renouvellement, au moyen d'un ventilateur, afin de faciliter le refroidissement uniforme de l'atmosphère intérieure.

Dans les conditions ci-dessus indiquées, M. Pictet pense que, la surface des bacs en contact avec l'air étant de 50 mètres carrés, l'émission pourra être de 2,500 calories à l'heure ; qu'en admettant que le vitrage soit à + 30°, et l'air de la vitrine à — 5°, la surface du vitrage qui est de 50 mètres carrés perdrait par heure au plus 2,500 calories, et qu'il y aurait dans cette circonstance exceptionnelle équilibre entre le pouvoir émissif du vitrage et le pouvoir absorbant des bacs.

La machine à glace, installée dans la petite cour de gauche du bâtiment et mise en œuvre par un moteur à gaz du système Otto, devrait absorber au moins 5,000 calories à l'heure ; on obtiendrait ce résultat avec le type de l'appareil n° 3 du tarif Pictet, donnant par heure jusqu'à 7,500 calories.

La disposition de la vitrine ne modifierait pas d'une manière fâcheuse l'aspect actuel de la salle d'exposition.

Voici maintenant les détails du devis fourni par M. Pictet :

2 fours frigorifiques comprenant chacun 9 cases à fermeture heumétique, munis de rouleaux-supports enveloppés de menuiseries . . . . Fr.	11.000 »
1 vitrine d'exposition pour 11 stalles munies de leurs portes et de rouleaux-supports ; bacs refroidisseurs ; doubles vitrages pour les matelas isolants d'air sec et de menuiserie	6.500 »
30 planches mobiles de 1,800 sur 0,700 en tôle émaillée, cintrés avec rigoles latérales	4.500 »
1 appareil à glace, système R. Pictet et Cⁱᵉ, d'une production de 5,000 calories négatives par heure, sans moteur (prix du tarif)	13.500 »
Accessoires de l'appareil à glace, fondations, tuyauterie, acide sulfureux, rechanges, chlorure de magnésium du liquide incongelable pour un volume de 30 mètres cubes (environ)	8.000 »
1 moteur à gaz, système Otto, de la force de six chevaux, avec socle (prix du tarif)	5.700 »
Accessoires du moteur à gaz, tuyaux, transmission, courroies, compteurs, conduites d'eau (environ)	2.000 »
2 appareils de circulation d'air et de liquide froid . .	1.500 »
Aménagement complet de la salle de conservation et d'exposition . . . . Fr.	52.700 »

PROJET DE MM. MIGNON ET ROUART.

Pour arrêter les bases de leur projet, MM. Mignon et Rouart se posent de la manière suivante le problème à résoudre :

1° Maintenir au-dessous de 0°, mais près de ce point, la salle d'exposition ;

2° Refroidir quatre cadavres à la température de — 15° ;

3° Entretenir dix cadavres à la température de — 2°.

La première question à résoudre est de savoir quelle est la puissance de la machine à froid à employer.

Pour arriver à une solution certaine, il faut se placer dans les conditions les plus défavorables, car tous ceux qui ont cherché à obtenir de basses températures au moyen de mélanges réfrigérants savent combien sont considérables les pertes par réchauffement dues à la conductibilité, au rayonnement, etc.

MM. Mignon et Rouart supposent donc la salle amenée à la température un peu excessive de — 5° et l'air extérieur à celle de 35°.

La différence des deux températures est alors de 40°.

La salle, étant dans l'état actuel, contiendrait 275 mètres carrés de surface de maçonnerie, 75 mètres carrés de surface de vitrage.

Les formules de Péclet permettent de calculer les quantités de chaleur perdues par mètre carré et par heure pour chacune des deux surfaces, et donnent :

Pour la maçonnerie. . . . . 33 calories.
Pour le vitrage. . . . . 49 —

Soit : pour toute la maçonnerie. . . . . 9.075 »
     pour tout le vitrage . . . . 3.765 »

TOTAL. . . . . . 12.840 »

Cette perte peut être considérablement diminuée par une appropriation convenable de la salle ; car, en la supposant recouverte intérieurement d'un doublage de bois de sapin de 0^m,08 environ d'épaisseur, et séparée de la maçonnerie par une couche d'air de quelques centimètres, la quantité de chaleur perdue se réduit à 7,000 calories.

On devrait donc compter par heure, d'après MM. Mignon et Rouart :

Pour la salle actuelle. . . . . 12.840 calories.
Pour la salle appropriée. . . . . 7.900 —

Il faut ensuite refroidir quatre cadavres pesant en moyenne 75 kilogrammes + 30° à — 15° : ce qui donne une différence de température de 45°.

On ne connaît pas la chaleur spécifique du corps humain ; mais d'après des essais personnels de MM. Mignon et Rouart sur la viande, elle pourrait être considérée comme égale à 1,5 ; ce qui pour les cadavres donnerait $300 \times 45 \times 1,5 = 19,280$ calories, ou en nombre rond 20,000 calories ; ce résultat devant être atteint en 10 heures, la machine devrait fournir dans ce but 2,000 calories à l'heure.

Quant aux dix cadavres entretenus à — 2°, la plupart d'entre eux auraient été refroidis préalablement ; ils consommeraient peu de chose ; MM. Mignon et Rouart supposent mille calories ; il faudrait donc ajouter 3,000 calories aux nombres précédents, ce qui donne :

Pour la salle actuelle. . . . . 15.840 calories.
Pour la salle appropriée . . . . 10.900   —

C'est dans ce dernier cas qu'on devra se placer, et il faudra par conséquent absorber par heure 11,000 calories environ. MM. Mignon et Rouart remarquent que si par excès de prévoyance on doublait le nombre de calories dépensées par les parois et les vitrages de la salle (7,900), on arriverait, en y ajoutant les 3,000 calories absorbées par les corps, au nombre de 18,800 ; mais quece dernier nombre dépasse évidemment dans une proportion considérable les véritables besoins, d'autant plus que les données qui ont servi de base à l'estimation étaient déjà exagérées : la température de la salle a été supposée àgale à — 5° ; la différence de 40° avec la température extrême est excessive, et si elle se présente elle n'est vraie que pour quelques heures de la journée ; d'ailleurs le régime du froid, une fois établi, la basse température des murs peut former compensation dans les cas des phénomènes extrêmes. (On pourrait dire aussi que le coefficient 1,5 pris pour la chaleur spécifique des corps est surélevé.)

MM. Mignon et Rouart estiment en conséquence que si la dépense doit être calculée au-dessus de 10,000 calories, elle ne doit guère s'éloigner de ce nombre, que dès lors on obtiendra un travail suffisant avec une machine produisant de 10,000 à 12,000 calories à l'heure, c'est-à-dire une machine de la force de celle qui est désignée commercialement sous le nom de machine à 100 kil.

Cette machine serait employée à refroidir la partie supérieure de l'air de la salle d'exposition. L'air froid plus dense descendrait, tandis que l'air plus chaud remonterait, et de là une circulation qui rendrait la température uniforme.

Ce refroidissement de l'air s'obtiendra au moyen d'une pluie d'une solution de chlorure de calcium froid, tombant sur une toiture, et de là dans des rigoles qui la ramèneront au refrigérant. Les légères condensations qui pourraient se produire sous la toiture seront également recueillies. C'est une réfrigération de l'air par injection de pluie d'un liquide refroidi réalisant le contact intime des deux corps. On a fait l'expérience de ce système de refroidissement à la manufacture royale de bougies d'Amsterdam. Mais la disposition projetée ici évite une circulation défavorable de l'air par une ventilation artificielle.

Le refroidissement des quatre cadavres à — 15° aura lieu dans une caisse composée de quatre compartiments isolés les uns des autres, ouverts seulement à l'extrémité antérieure ; chacune de ces alvéoles sera refroidie par un serpentin d'une surface convenable dans lequel circulera la solution froide de chlorure de calcium, au sortir de la machine, avant d'être portée au-dessus de la toiture. L'ouverture de chaque alvéole sera fermée par une porte qui en s'ouvrant, formera un plan incliné, destiné à faciliter l'entrée des cadavres.

D'autres dispositions accessoires, qu'il serait trop long de décrire, rendront encore plus facile cette manœuvre.

Enfin, une caisse, divisée en cinq parties par des serpentins verticaux formant cloison, servira à maintenir dix cadavres à — 2º. Dans ces serpentins circulera, sous son propre poids, le chlorure de calcium descendant de la toiture. En résumé, le liquide incongelable se rendra d'abord, sous l'action d'une pompe, dans les compartiments à — 15º; de là, il montera pour se répandre sur la toiture; il descendra sous son propre poids dans les serpentins des compartiments à — 2º et retournera à la machine restituer la chaleur qu'il aura gagnée dans sa course. Ce travail sera effectué par une machine de la force d'un cheval. La dépense de l'installation des appareils qui viennent d'être décrits est établie comme il suit :

Appareil de 10,000 à 12,000 calories négatives à l'heure, avec son ammoniac, son liquide incongelable et sa chaudière de chauffage, le tout mis en place. . . . . Fr. 19.000 »

Machine motrice à gaz ou eau, de la force d'un cheval. . . . . 1.800 »

Pompe de circulation du liquide incongelable et sa transmission. . . . . 2.000 »

Tuyauterie pour la pluie froide. . . . . 2.000 »

Toit artificiel pour recevoir la pluie froide, gouttière pour la recueillir . . . . 3.000 »

Enveloppes et planches en bois. . . . . 7.000 »

Vitrage, armature et vitrerie . . . . 2.500 «

Peinture. . . . . 600 »

Tambour pour la porte d'entrée. . . . . 500 »

Caisses pour 4 cadavres refroidis à — 15º. . . . . . 3.000 »

Caisse pour 10 cadavres refroidis à — 2º . . . . . . 3.000 »

Total . . Fr. <u>44.400</u> »

L'appareil à froid consommera par heure environ 12 kilogrammes de charbon, soit pour 24 heures 288 ou environ 300 kilogr. de charbon, à 25 francs la tonne. . . . . Fr. 7 50

La consommation du gaz pour la force motrice sera de 1,800 litres à l'heure, soit pour 24 heures 43,200 mètres cubes, à 0,15 le mètre cube. 6 50

Ammoniac, huile, chiffons, menues dépenses. . . . . 3 »

Total. . . Fr. <u>17</u> »

pour la marche de 24 heures.

Les données fournies par les constructeurs et les résultats observés par la Commission peuvent être réunis comme le montre le tableau ci-dessous.

	TEMPÉRATURE OBSERVÉE	FORCE MOTRICE en chevaux	POIDS DE GLACE par kilog. de charbon	FORCE de la MACHINE en glace	PRIX TOTAL do L'INSTALLATION
Mignon et Rouart. . . .	—15º	4	12 à 14	100	44.400 »
Pictet.	—11º	6	10 11	50	52.700 »
Tellier	»	6	3 4	60 ?	68 053 75
Giffard et Berger	—9º4 3º,5	9 à 10	2 1/2	50	(imprévu 3,000) 60.000 »

Les températures de marche normale de ces machines sont :

Mignon et Rouart. . . . . — 15° à — 18°
Pictet . . . . — 11°
Giffard et Berger. . . . . — 9° à — 13°5

La Commission pense qu'une machine produisant 50 kilog. de glace par heure n'est pas suffisante pour le service frigorifique de la Morgue, et qu'il faut employer au moins une machine de 100 kil. pour obtenir le froid nécessaire aux différentes applications qui y seront installées. En ramenant à cette base les nombres inscrits dans le tableau précédent, on obtiendrait pour la force motrice à employer :

Mignon et Rouart . . . . 1 cheval
Tellier . . . . 10 chevaux.
Pictet. . . . . 12 —
Giffard et Berger . . . . 18 à 20.

A la vérité, ces nombres ne sont pas exacts, ils sont trop forts, parce que la force motrice n'augmente pas proportionnellement au poids de glace produit par heure. Mais quand bien même on réduirait les trois derniers d'un quart de leur valeur, ils suffisent pour se rendre compte des différences qui existent entre eux. Il n'est pas possible du reste, dans ce genre d'appréciation, d'arriver à des résultats rigoureux, à cause de l'incertitude où se trouvent les constructeurs eux-mêmes du véritable rendement de leurs machines ; mais ils sont suffisants pour se faire une opinion et pour reconnaitre qu'au point de vue de la force motrice à employer la machine Carré, construite par MM. Mignon et Rouart, présente un avantage incontestable par la force insignifiante qu'elle exige.

Il faut tenir compte ensuite du rendement en glace de chaque machine par kilogramme de charbon brûlé ; les renseignements que la Commission a recueillis dans ses diverses visites aux établissements frigorifiques qui sont consignés dans le tableau, peuvent être regardés comme assez exacts ; mais là encore on ne peut connaitre que d'une manière approximative la dépense en charbon comparée au poids de glace produit, parce que les différents rendements nous ont été donnés principalement en chevaux et que le poids de charbon consommé varie suivant la force et la nature de la machine. Cependant comme tous ces chiffres ont été donnés comme suffisamment approchés par les intéressés, on peut les admettre sans commettre une trop grande erreur, et, sous ce rapport, l'avantage reste aux machines de MM. Mignon et Rouart et de M. Pictet.

Dans un travail sur la théorie des machines à froid publié en 1878, M. Ledoux, ingénieur des mines, a démontré que dans toutes les machines à froid, quand on opère entre les mêmes limites de température, la quantité théorique de chaleur négative produite est exactement la même par calorie dépensée, qu'on opère directement comme dans la machine à affinité, ou indirectement sous forme de travail comme dans les machines à action mécanique ; mais comme une calorie représentée par 424 kilogrammètres, occasionne dans les meilleures machines motrices une dépense effective d'au moins 10 calories dans le foyer, il en résulte qu'au point de vue théorique, la machine à affinité est supérieure à toutes les autres, puisqu'elle emploie directement la chaleur sans avoir recours à la forme coûteuse du travail mécanique, mais cet avantage est diminué dans la pratique par différentes causes, entre autres par le dégagement de chaleur que produit la dissolution du gaz ammoniac dans l'eau, et par l'entraînement hors de la chaudière, en même temps que le gaz, d'une certaine quantité d'eau. Cependant, ces inconvénients ne détruisent pas le rendement plus grand de la machine à affinité ; ils ne font que le diminuer, et sous ce rapport la machine de MM. Mignon et Rouart paraît à la Commission devoir être préférée à la machine Pictet.

Les machines soumises à la Commission donnent toutes en ce moment, avec plus ou moins d'avantages, des résultats industriels, et le rendement n'occupe qu'un rang secondaire dans les considérations qui ont guidé la Commission. Cependant il était nécessaire de l'examiner au point de vue d'une bonne administration et surtout au point de vue de la puissance de la machine.

Mais, même à rendement égal, la machine adoptée doit pouvoir produire, facilement et d'une manière sûre, un abaissement de température de — 15° à — 20° pour le refroidissement rapide des corps dès leur arrivée à la Morgue. Dans les visites faites par la Commission, les températures des appareils refroidis ont été observées au moyen d'un thermomètre *a minimâ*. Dans les chambres à froid de MM. Giffard et C*ie*, la température a été trouvée de — 13.5 à — 14° lors de la première visite, alors que plusieurs machines étaient en marche ; et de — 9° à la seconde visite, avec une seule machine de 25 chevaux.

Aux glacières de M. Pictet, quai Jemmapes, 152, les bains congélateurs marchent à — 11° pour les carafes, à — 4° pour les mouleaux. Cette température de 11° ne pourrait être utilement abaissée, parce que dans les machines à action mécanique le rendement diminue avec la température du réfrigérant, et qu'en descendant au-dessous de — 11° on diminue outre mesure son effet utile. La température de — 11°, suffisante pour la fabrication de la glace, ne serait pas assez basse pour les appareils de la Morgue.

Dans les ateliers de MM. Mignon et Rouart, la température du bain de chlorure de calcium a été trouvée de — 15 à — 18° ; aux glacières du bois de Boulogne, de — 16° ; mais la machine peut donner couramment des températures d'au moins — 25°. La Commission regarde donc la machine Carré, construite par MM. Mignon et Rouart, comme pouvant donner, d'une manière normale, un abaissement de température plus grand que les autres machines, et tel que l'exigent les installations à faire à la Morgue.

Quant aux devis, MM. Mignon et Rouart ont proposé un chiffre de dépense moins élevé d'une manière absolue, et qui, en sus, s'applique à l'installation d'une machine plus puissante que celle qui serait installée par M. Pictet. A part cet avantage de prix d'installation et d'une puissance frigorifique supérieure, il faut remarquer que le projet de MM. Mignon et Rouart respecte plus que celui de M. Pictet, l'aménagement intérieur de la Morgue.

En résumé, l'appareil Carré, construit par MM. Mignon et Rouart, n'exige qu'une force motrice très faible, il tient peu de place ; sa marche est complètement silencieuse; il fonctionne à une température plus basse que les autres machines et son rendement est supérieur. La dépense d'entretien ne dépasse pas celle des autres machines à glace. Il a pour lui la sanction d'une pratique déjà ancienne. Le projet qui l'utilise est le plus économique, et ne change pas d'une manière notable l'aménagement intérieur de la Morgue.

La Commission ne voit aucun obstacle à son emploi dans la pression un peu élevée sous laquelle il fonctionne ; avec des appareils construits en vue de cette pression et éprouvés en conséquence, elle ne présente aucun inconvénient.

D'ailleurs un grand nombre d'appareils de cette nature fonctionnent depuis plus de douze ans sans avoir produit d'accident (1).

De plus, par une lettre en date du 15 septembre 1880, MM. Mignon et Rouart offrent, dans le cas où leur projet serait adopté, de faire marcher leurs appareils pendant un an à des conditions qui seraient ultérieurement déterminées.

---

(1) On ne connaît aucun accident arrivé aux appareils continus. Il est à la connaissance de la Commission que les appareils domestiques en ont causé deux. Ceux-ci sont chauffés à feu nu, la température du liquide ne doit pas dépasser 150°, accusés par un thermomètre faisant partie de l'appareil ; la pression est alors de 8 à 10 atmosphères, et l'eau a perdu presque entièrement le gaz ammoniac qui s'y trouvait dissous. Si on continue à chauffer, l'eau, qui n'avait contribué à la pression totale que pour la moindre part, continue à se vaporiser, la pression augmente indéfiniment et l'explosion devient inévitable.

Une pareille élévation de température, et par conséquent de pression, est impossible avec l'appareil continu, dont la chaudière à ammoniac porte une soupape de sûreté si elle est chauffée directement. Si elle est chauffée par la vapeur d'eau d'une chaudière auxiliaire, ainsi que le comporte le projet présenté, la pression de la vapeur calorifère est limitée par les soupapes de sûreté de la chaudière qui la produit ; par cette condition même, sa température est également limitée ainsi que celle de la chaudière à ammoniac qui ne reçoit d'autre chaleur que celle qui lui vient de cette vapeur d'eau.

Rappelons, d'un autre côté, que les effets dynamiques de l'explosion d'un appareil dans lequel un liquide est chauffé en vase clos dépendent de la quantité de chaleur accumulée dans ce liquide au delà de celle qui y serait contenue à la température correspondant à son point d'ébullition sous la pression atmosphérique. Cet excédent constitue la chaleur dangereuse. Or, si l'on considère particulièrement l'eau dans la chaudière à ammoniac, on remarquera que la température de chauffage, qui est limitée à 150°, ne présente qu'un faible excédent de 50° sur 100, température d'ébullition de l'eau. La quantité de liquide est elle-même très bornée. L'appareil est beaucoup plus petit que les chaudières à vapeur motrices des autres systèmes (à égalité de pouvoir réfrigérant). Quant au gaz ammoniac, on sait, d'après les conditions de solubilité qu'il présente et d'après sa densité, que l'eau peut en prendre un peu plus que moitié de son poids (0,60) à 15°, mais que ce gaz s'échappe dès que la température monte, et qu'il disparaît en totalité, à l'air libre, avant 70°. Si la solution ammoniacale primitivement introduite dans la chaudière peut ainsi contenir un peu plus du tiers de son poids de gaz ammoniac, cette proportion se réduit considérablement pendant la marche ; l'ammoniac se partage alors entre la chaudière, le condenseur et le réfrigérant. Il en résulte que si, pour le gaz ammoniac, l'un des facteurs du produit qui représente la chaleur dangereuse est plus élevé que pour l'eau, l'autre facteur est inférieur dans une proportion qui peut être beaucoup plus grande, et, en définitive, le chiffre qui donne la mesure du danger reste plus petit que dans les autres systèmes. Au point de vue de la résistance, la chaudière à ammoniac est éprouvée à trente atmosphères. Elle présente donc autant de garantie que toutes les autres chaudières employées dans l'industrie.

La Commission est d'avis, Monsieur le Préfet, que le projet proposé par MM. Mignon et Rouart est celui qui répond le mieux aux conditions imposés pour le service frigorifique de la Morgue.

Comme il s'agit d'un service nouveau et qui n'a pas encore été expérimenté, il est bien entendu que, quel que soit l'appareil adopté, il devra satisfaire aux conditions énoncées en tête de ce rapport, c'est-à-dire maintenir : 1° la salle d'exposition à la température de — 4° à — 1°; 2° les cases à refroidir les corps à la température de — 15°.

Les Membres de la Commission,

Du Souich, Luuyt, Dr Bourneville, Dr Villeneuve, Dr Brouardel, de Luynes, *rapporteur.*

Adopté dans la séance du 22 octobre 1880.

Le Vice-Président du Conseil,

P. Schutzemberger.

Le Secrétaire,

F. Bezançon.

DISCUSSION

Que se propose l'Administration en refroidissant la Morgue?

1° De conserver à la justice les pièces nécessaires à l'exercice de son action;

2° De conserver les corps pour faciliter leur reconnaissance.

Hé bien, ni l'un ni l'autre de ces résultats ne sera atteint avec l'installation proposée par le rapport qui vient d'être reproduit.

Et, en effet, quelle est la première condition à remplir pour donner satisfaction aux exigences judiciaires?

C'est de conserver les organes à conviction à l'abri de tout contact pouvant les dénaturer ou les faire soupçonner de dénaturation. Cette nécessité a été l'un des mobiles qui m'ont fait agir lorsque j'avais proposé le refroidissement de la Morgue; elle a guidé également M. le docteur Brouardel, qui, contrairement à l'avis primitif de M. le docteur Devergie, s'est prononcé nettement sur ce sujet, disant dans son rapport que :

« Que les recherches médico-légales, surtout lorsqu'il y a intoxication présumée, *exigent qu'aucune matière chimique ne soit soumise au contact extérieur ou intérieur du cadavre.* »

Or que va-t-on chercher pour refroidir la Morgue ?

Un appareil à ammoniac, c'est-à-dire employant un corps très volatil, très avide d'eau, très avide de combinaison, en un mot, le plus propre à jeter la perturbation dans les analyses chimiques ; un corps qui, par la seule rupture d'un joint, ce qui arrive journellement dans toutes les industries, envahira toute la Morgue, dans des conditions d'énergie telles qu'il faudra quitter la place ; qui enfin, grâce à sa subtilité, pénétrera partout, la moindre issue lui livrant passage.

Je n'ai pas ici à m'étendre sur les conséquences de ces contacts possibles. Tous ceux qui s'occupent de chimie connaissent les réactions infinies de l'ammoniac et le rôle qu'il peut jouer, lui ou ses éléments dans la formation des alcaloïdes, corps nombreux, peu connus, et dont M. le docteur Brouardel dit dans le même rapport, avec infiniment de raison, que *leur découverte est encore trop récente pour que leurs affinités chimiques aient pu être déterminées.*

Hé bien ! c'est ce corps, qu'on créerait exprès pour jeter une expertise judiciaire dans l'embarras, c'est lui qu'on veut appliquer à la Morgue !!!...

On m'objectera, je le sais, que les appareils sont bien établis, que les constructeurs sont émérites... J'admets l'une et l'autre chose.

Mais pourra-t-on éviter les accidents, les imprudences, la maladresse?

Est-ce qu'un simple joint ne peut sauter?

Est-ce qu'il ne faut pas, dans tous les cas, les refaire de temps à autre?

Est-ce que forcément il ne restera pas à la disposition du personnel des quantités considérables 'ammoniac?

Ne pourra-t-on pas soupçonner ou invoquer la complaisance?

Est-ce qu'il n'est pas du devoir de l'avocat de chercher tous les moyens de défense en son pouvoir?

Or, en présence de toutes ces possibilités, ne voit-on pas, dans toutes les causes ayant pour objet des faits d'intoxication, ne voit-on pas, dis-je, les avocats faire allusion à ces possibilités et jeter ainsi le doute dans l'esprit des jurés?

Or le doute c'est l'acquittement, et c'est justice.

Et quand on se rappelle que de nombreuses condamnations ont été obtenues, parce que, trouvant de l'ammoniac dans les taches constatées sur des instruments en fer ayant, supposait-on, servi à un crime, on déduisait de cette observation que le sang avait formé ces taches, alors qu'il est aujourd'hui prouvé que l'ammoniac se forme sur le fer par la simple action de la rouille, qui osera blâmer les avocats de leur vigilance, le jury de sa prudence?

La conséquence de ceci est que la société, au lieu de trouver une sauvegarde nécessaire dans la nouvelle appropriation de la Morgue, n'y rencontrera, au contraire, que des éléments favorables à l'impunité. J'avais donc raison de dire que les conclusions du rapport conduisent de ce côté à une déception.

Voyons maintenant le second point, c'est-à-dire la question de conservation. Là encore le but ne sera pas atteint, ou, du moins, il le sera incomplètement avec les conditions indiquées.

Pour le démontrer, je prends le résumé analytique des dépenses présentées par chaque projet.

J'écarte le projet de M. Pictet qui ne rentre pas dans les conditions voulues, celui de MM. Giffard et Berger, qui monte non à 60,000 francs, comme l'indique le rapport, mais bien à 110,587 francs, ainsi qu'en fait foi le rapport présenté au Conseil général de la Seine, et je reste devant le projet de MM. Mignon et Rouart, montant à 44,440 francs et le mien montant à 65,053, plus 3,000 francs d'imprévu.

Avant de comparer ces chiffres, je ne puis m'empêcher d'exprimer ma surprise, qui, je le sais, a été partagée ; c'est de voir au dernier moment, alors qu'un projet a été étudié, discuté, surgir une concurrence dont la besogne devient alors singulièrement aisée. Ce fait n'a guère de précédent, mais enfin il est, et sans récriminer ou rechercher la cause de cette compétition tardive, je l'admets et discute simplement l'efficacité de l'application proposée.

D'abord il y a dans le rapport des erreurs matérielles à mon préjudice que je dois relever, et qui, je le dis à regret, semblent indiquer une volonté persistante de m'évincer.

C'est ainsi que, dans la colonne de la page 18 relative au poids de la glace fournie par chaque appareil pour 1 kil. de charbon brûlé, on met à mon actif une production de seulement 3 à 4 kil. de glace par kil. de charbon ; que dans la supputation de la force on m'applique 10 chevaux ; qu'enfin on me présente comme ne voulant fournir à la Morgue qu'une machine de 60 kil. à l'heure.

Or, mon projet, soumis à l'Administration dès 1878, comporte :

Une machine de 100 kil. et non de 60.

Une force vapeur de 6 chevaux (ou de 8 chevaux avec un moteur à gaz) ce qui en résumé donne un minimum de 12 kilog. de glace par kilo de charbon, et non de 3 à 4 kilog. comme le rapport l'énonce.

Ce système persistant d'erreur à mon préjudice, que j'avais déjà signalé dans une précédente lettre, devient encore plus flagrant, quand, dans son résumé, le rapport indique, qu'il me faudrait 10 chevaux, tandis qu'il ne faudrait, d'après lui, qu'un cheval à la machine préconisée par la commission.

En groupant ces chiffres, qui sont mis en vedette et frappent naturellement l'attention du lecteur, le rapport commet, qu'on me pardonne l'expression, un non-sens évident. Il compare deux choses absolument dissemblables.

En effet la machine qu'il veut faire adopter n'agit pas par compression, mais par affinité ; la mienne au contraire agit uniquement par compression.

Il fallait donc pour être exact dire :

La machine par ammoniaque exige :

1° Un générateur à vapeur pour son fonctionnement;

2° Un moteur à gaz, pour mouvoir ses pompes de circulation.

La machine Tellier n'exige que de la force motrice.

Et alors on aurait vu que le calorique à employer était le même.

Que dans le premier cas il se répartissait sur deux actions, tandis que dans le second, il n'en produisait qu'une, d'où égalité de frais d'entretien, mais plus de simplicité pour la dernière application, puisqu'il n'y a qu'une seule action utilisée.

Mais ce sujet nous amène à constater une nouvelle facilité accordée au projet adopté par la commission.

Quand le refroidissement de la Morgue a été décidé, on a imposé l'emploi de machines à gaz. A cause du voisinage de Notre-Dame, on ne voulait pas, et avec raison, d'autres combustions.

Ce qui devait être une nécessité pour moi devient une inutilité dans le projet qui a surgi à la dernière heure. Et en effet nous voyons qu'outre le moteur à gaz on brûlera par jour 300 kilos de charbon, ce qui, par parenthèse, est l'équivalant de la dépense moyenne d'une machine de 6 chevaux vapeur, force par moi demandée.

Il paraît que le chevet de Notre-Dame n'aime pas

la fumée du charbon quand elle provient d'une machine frigorifique à compression; mais que, lorsqu'elle provient d'une machine à affinité, c'est une
autre chose et qu'alors la netteté de ses lignes, la
pureté de ses contours, la franchise de ses tons,
n'ont plus rien à redouter.

Mais passons.

J'ai demandé 65,000 francs, le projet admis par
la commission se réduit à 44,000. Il y a intérêt à
voir d'où vient cette différence, qui conduirait à une
économie notoire.

Si cette économie est fondée, nous applaudirons.
Mais si elle ne l'est pas, si elle est obtenue au dé-
triment des résultats recherchés, nous la blâme-
rons et trouverons en elle, une nouvelle preuve de
ce que j'ai annoncé, à savoir que le but cherché
ne sera pas atteint.

Voyons d'abord la question de production du
froid.

La puissance de la machine proposée est la même
que celle que j'avais indiquée primitivement,
10,000 calories à l'heure.

Je dois dire que depuis, considérant que la Morgue,
dans une ville comme Paris, est sujette à des impré-
vus graves et nécessitant des moyens d'action
énergiques, tels qu'incendies, sinistre en Seine, etc.,
etc., je m'étais résolu à doubler cette puissance
sans augmentation de prix. Les pièces et plans
que j'ai remis à la commission font foi de ce fait.
C'était donc réellement 20,000 calories à l'heure que
mon projet comportait.

Sur cette·question de machine, le projet admis indique devoir dépenser 22,800 francs, alors que je demandais 24,000 francs. Apparemment je demandais donc 1,200 francs de plus, mais mon prix, outre quelques détails comme· conduites d'eau, etc., etc., qui ne paraissent pas compris dans le projet adopté, comporte une machine frigorifique d'une puissance double. Il n'est donc plus à mettre en comparaison du prix de 22,800 francs, mais bien de celui de 32,800 francs qu'amènerait une machine de 20,000 calories du système adopté, et je suis alors de plus de 8,000 francs meilleur marché.

J'insiste sur ce point, parce qu'il importe de bien comprendre qu'avec 10,000 calories on ne suffira pas aux cas d'exception. Or, la Morgue est un bâtiment d'exception, d'imprévu; elle doit donc être aménagée d'une manière assez puissante pour pouvoir parer aux faits extraordinaires (1).

Voyons maintenant le mode de fonctionnement.

Quand en 1878 j'ai étudié la question, il a été convenu que le travail de nuit n'existerait pas.

Cette condition était rationnelle. Un édifice consacré à d'aussi importantes constatations ne doit pas, la nuit, moment où la surveillance des chefs n'existe plus, ne doit pas, dis-je, être la nuit à la merci d'un personnel étranger au service.

Dans ce but, j'avais établi des réservoirs compensateurs, distribuant la nuit le froid amassé le

---

(1) Les lignes ci-dessus étaient écrites avant que l'affreux incendie qui vient de désoler Nice fût connu. Cet événement ne justifie que trop la justesse de mes observations.

jour et voilà derechef une dépense de **7,376** francs
qui figure dans mon devis, et qui n'existe pas
dans celui adopté par la Commission. Il est vrai
qu'elle admet le travail de nuit, ce qu'on me re-
fusait, et ce qui en somme, eu égard au caractère
essentiellement judiciaire et par conséquent spécial
de la Morgue, est réellement une anomalie.

La même préoccupation avait fait imposer pour
moi la condition d'établir une machine pouvant
être conduite par le personnel *assermenté* de la
Morgue. On admet aujourd'hui une machine exigeant chauffeur, transports de charbon, etc., etc.,
tout le détail d'une industrie ordinaire.

Passons encore et voyons la distribution du froid.

J'avais indiqué la circulation d'un courant de
liquide incongelable. Cette dépense est estimée à
9,000 francs dans le travail de la Commission;
j'avais demandé 15,923 francs.

La précédente Commission n'avait pas eu assez
de foudres pour ce fameux liquide incongelable.
La conversion a été complète pour la dernière Commission.

Tandis que la première n'en voulait pas dans
des tubes parfaitement étanches à 15 atmosphères,
la seconde le veut, en pluie cette fois, et sur des
tôles minces, ne présentant plus aucune garantie.

Il y a là encore, à mon avis, une nouvelle erreur.
D'une part les tôles de faibles épaisseurs sont
difficiles à rendre étanches par des rivures;
d'autre part il y a une considération qu'il ne faut
pas perdre de vue à la Morgue, c'est la néces-

sité de ne masquer en rien le jour et pour cela il importe — ce que je faisais — de suivre absolument les contours existants.

Ceci ne sera pas avec la disposition admise, à moins de se refuser la possibilité de visiter les appareils d'arrosage, ce qui aura encore plus d'inconvénients.

Mais ce n'est pas tout. La Commission nous parle de légères condensations qui pourront se faire sous ce toit et seront facilement recueillies.

On se demande, en lisant ces lignes, comment des savants aussi distingués que ceux qui forment la Commission ont pu accepter une semblable donnée.

Eh comment! on admet que la température du liquide circulant sur le toit sera à — 15°, que la température de la salle sera à — 4° et on en conclut qu'à cette température, il y aura simplement *quelques condensations sous le toit*, et ce en présence des lavages nécessaires, de l'humidité sans cesse exhalée par les sujets, alors même qu'ils sont refroidis ! ! !

Il y aura plus que de la condensation, il y aura formation de givre. Et alors, ou il faudra enlever ce givre et ce sera une besogne difficile et contraire à l'objet proposé puisque partie retombera sur les corps conservés ; ou on le laissera, et il constituera un isolant énergique, qui empêchera l'action frigorifique de se propager dans la salle d'exposition.

J'ai ainsi construit chez moi, il y a douze ans, une

glacière dans laquelle je congelais à — 10° et
même — 15° les carafes frappées que je produisais
alors. C'est parce que j'avais apprécié l'inconvénient
qui se rattache à ce genre d'utilisation du froid
que, soigneusement, je l'avais écarté de mon projet.

Ainsi donc : nécessité de marcher la nuit ; formation du givre au plafond, ce qui, dans le cas
actuel, n'est pas pratique ; difficulté de rendre des
tôles minces étanches, tels sont les inconvéniants
qui vont être rencontrés à la Morgue. C'est afin
de les éviter que j'avais indiqué une installation
plus coûteuse, mais avec elle on ne travaillait pas
la nuit, la formation du givre, qui est nécessaire
pour que l'atmosphère reste claire et limpide (ce
qui n'est pas quand la vapeur reste dans l'air à
l'état vésiculaire), n'avait aucun inconvénient. Enfin tout le système était formé de tubes résistants,
essayés à 15 atmosphères, donnant par conséquent
des garanties certaines, qu'on ne trouvera pas dans
des tôles minces simplement rivées.

De la production du froid passons à sa conservation.

Le projet adopté admet pour l'isolation du pour-
tour . . . . Fr. 7.000
plus pour la peinture 600

Ensemble . . . Fr. 7.600

tandis que j'avais demandé 13,580 fr. 20 c.

Mais dans ce projet je ne vois pas figurer l'isolation du sol avec son revêtement en bitume, montant à elle seule dans mon projet à 4,074 francs.

Or, il ne faut pas oublier que le sol de la Morgue est essentiellement humide, et que si on ne compte pas se protéger de ce côté contre la rentrée de chaleur, on comptera mal. Si de plus on ne fait pas cet isolant absolument étanche, on fera encore de mauvaise besogne, et il n'y a que le plomb ou le bitume qui pourront donner l'étanchéité désirable. Il en est de même des isolants latéraux qui sont cotés par le projet de la Commission pour 7,000 francs. J'avais demandé, moi, 8,553 fr. 80 c. Mais le projet de la Commission ne comporte qu'une enveloppe de bois, ce qui ne suffira pas. J'avais compris isoler sur 20 centimètres d'épaisseur. Considérant de plus que les parois doivent être énergiquement lavées, je les avais revêtues de tôles posées à recouvrement, comme je l'ai fait dans la cale du *Frigorifique*, ce qui aurait permis les soins de propreté si nécessaires dans un établissement de cette nature.

L'isolation, telle que la Commission l'admet, sera incomplète. De plus, malgré la peinture le bois se gercera, s'imprégnera de toutes les substances que l'eau de lavage entraînera, et je n'ai pas besoin de préciser à quel résultats on arrivera dans un tel milieu.

Le vitrage comporte les mêmes considérations; 2,500 francs sont demandés par le projet adopté, 5,026 par moi. Mais je voulais en plus des vitrages existant mettre deux épaisseurs de verre double. Et quand on pense que le soleil donne sur les vitraux supérieurs; que d'autre part une foule souvent compacte, incessament renouvelée, se presse devant le vitrage d'exposition, lequel est monté en fer; on comprendra que de ce côté encore on ne saurait prendre trop de précautions contre le réchauffement.

Je n'irai pas plus loin dans l'examen comparatif que j'avais à faire, je crois en avoir dit assez pour prouver que le projet adopté ne donnera pas les satisfactions demandées, et que le but recherché sera manqué.

Avant cependant de terminer, j'ai encore à relever quelques énonciations du rapport qu'il importe de préciser.

D'abord l'éther méthylique ne bout pas à 23°, comme le rapport le dit, mais bien à -30°. Ensuite, à 15° il se liquéfie sous la pression de 4 atmosphères 25, et non sous celle de 8 atmosphères, comme il est encore indiqué au rapport.

Enfin on me fait dire que je n'ai pu renseigner la Commission sur le prix de l'éther méthylique (oxyde de méthyle).

A qui pourra-t-on faire croire que je ne sais pas le prix de vente d'une matière que j'ai mise dans l'industrie, que je vends journellement?

Le rapport parle d'une modification que je lui ai soumise relative à la grande quantité de chaleur que dégage la compression de l'éther méthylique.

Je n'ai jamais dit cela. J'ai parlé des machines à compression en général, et de l'étude que j'avais faite en vue de diminuer la force motrice à employer à la Morgue, c'est-à-dire réduire à trois chevaux-vapeur les six chevaux primitivement demandés; mais je n'ai jamais parlé de l'éther méthylique en particulier. Messieurs de la Commission auraient donc oublié que les gaz, à densité sensiblement égale, dégagent à la compression une quantité de chaleur sensiblement égale aussi. J'aime mieux voir, dans cet énoncé, une preuve de la disposition peu favorable dont la Commission était animée à mon égard, et dont je vais trouver une manifestation nouvelle dans ce qui est dit de ma machine du Conservatoire, au sujet de laquelle on fait tenir à l'honorable M. Tresca un langage qu'il n'a pas tenu.

Voici les faits.

Quand la Commission est venue chez moi, j'étais en emménagement. Ne vendant plus ni glaces, ni carafes, je n'ai, par suite, plus de machines à froid en permanence. Je supposais d'ailleurs que *le Frigorifique*, qui a le premier montré qu'on pouvait porter le froid, non seulement dans toutes les mers, mais malgré tous les inconvénients de la mer; qui a été vu pendant l'Exposition par 80,000 visiteurs; qui a démontré enfin le pouvoir absolu du froid en fait de conservation de matières organiques, avait suffisamment établi la nature de mes travaux à ce sujet.

La Commission a tenu tout ceci pour néant, il est vrai qu'elle a très bien accepté pour le projet agréé par elle ce qui se passe à Amsterdam. Mais passons.

Devant la demande qui m'était formulée je ne

pouvais faire qu'une chose : offrir de conduire la Commission au Conservatoire des Arts et Métiers, c'est-à-dire dans le temple même de la mécanique, où, depuis douze ans, une de mes machines est montée.

M. Tresca, auquel j'adressai naturellement ma demande de visite, me dit qu'il était à la disposition de la Commission, mais que, pris par diverses circonstances, il ne pouvait montrer la machine en marche avant huit jours.

Je m'empressai de solliciter ce délai, il me fut impitoyablement refusé. Je compris à ce moment le sort qui m'était réservé.

La Commission vint donc à l'instant qu'elle avait choisi, M. Tresca voulut bien lui expliquer les dispositions adoptées au Conservatoire. Il dit que les machines de compression prenaient encore beaucoup de force, mais pas plus la mienne, eût-il soin d'ajouter, que celles construites par d'autres constructeurs, lesquelles sont toutes, du reste, la copie du système que j'ai créé, ce qu'il est facile de démontrer.

Il ajouta que la locomobile qui faisait marcher ma machine était une *vieille locomobile anglaise,* d'environ six chevaux, brûlant beaucoup de charbon. Or c'est sur ce type démodé, datant des premiers jours de la construction des locomobiles, que la Commission, dans son esprit d'équité, a cru devoir établir les calculs me concernant.

Obéissant à ce même esprit d'équité, le rapport a oublié de dire ce que M. Tresca avait de plus expliqué :

C'est, d'abord, qu'il allait en montrer plus qu'on n'en pourrait voir dans une expérience toujours préparée, c'est-à-dire qu'il allait produire les registres du Conservatoire dans lesquels les diagrammes des résultats obtenus sont consignés.

Ces registres constataient :

1° Que la machine vendue par moi pour 5,000 calories à l'heure a toujours donné 6,200, 6,250 calories, soit un cinquième à un quart de plus que ce que je devais ;

2° Que dans la chambre à froid, après l'arrêt de la machine, non seulement le froid avait subsisté, mais encore que la température avait toujours continué à baisser pendant quelques heures ; que le réchauffement ultérieur avait été très lent.

Or que faut-il à la Morgue, si ce n'est ce résultat ?

Voilà ce que le rapport, pour être complet, aurait dû dire, et ce qu'il ne dit pas.

Il aurait dû ajouter encore, que j'avais offert à la Commission de terminer et de monter chez moi la machine de 10,000 calories à l'heure que je destinais préalablement à la Morgue, laquelle utilisait six chevaux de force vapeur, ou huit chevaux avec un moteur à gaz, mais que, parallèlement, je proposais de construire et de monter, toujours chez moi, une autre machine pouvant produire 20,000 calories, avec la dépense horaire de seulement *1 mètre cube de gaz en employant l'éther méthylique, 2 mètres cubes en employant l'air comprimé,* laissant à

la Commission la possibilité de choisir, après la
mise en marche, l'appareil qui lui aurait le mieux
convenu, lequel aurait été ensuite monté à la
Morgue.

Il était impossible, je le pense, de faire proposition plus large, et je regrette que le rapport, qui
s'est étendu si complaisamment sur d'autres projets, ait cru devoir se taire sur la proposition si
loyale et si correcte que je lui faisais.

On a objecté encore, je le sais, que je ne suis
pas riche.

Je n'éprouve aucune hésitation à reconnaître ce
fait. Je croyais seulement qu'à cette époque, où l'on se
pique d'atticisme, semblable reproche n'aurait pas
été dressé contre une vie remplie par le travail.

Mais cette objection même n'avait pas sa raison
d'être.

D'une part, on vient de le voir, j'avais offert de
construire et de faire marcher chez moi la machine à fournir; en un mot, de ne la monter à la
Morgue que lorsque vérification de sa puissance
aurait été faite : j'acceptais donc toutes les respon-
sabilités.

D'autre part, si la raison alléguée. m'avait été
communiquée, immédiatement j'aurais offert de
faire exécuter les travaux complémentaires par les
entrepreneurs de la Ville, ne demandant pour uni-
que salaire que la satisfaction de mener à bien
une innovation dont j'avais depuis longtemps compris toute la portée. Il suffisait pour cela de se
rappeler que dans cette affaire j'avais laissé de

côté toute question de bénéfices, et que par conséquent il m'était indifférent d'exécuter directement les travaux, ou simplement de veiller à leur exécution.

En résumé, tout ceci montre, Monsieur le Préfet, l'accueil qui est fait chez nous à l'initiative, et combien peu est récompensé l'esprit de progrès.

Je souhaite néanmoins que la Ville trouve dans les compétitions qui s'élèvent autour de cette affaire, depuis que je l'ai soulevée, un projet qui donne complète satisfaction aux exigences à remplir. Pour moi, ainsi que je vous le disais en commençant, je décline aujourd'hui une besogne qui, en retour d'un dévouement absolu, ne m'a valu que la manifestation d'un mauvais vouloir persistant; mauvais vouloir que, je l'avoue, je ne pressentais guère lorsque M. le docteur Brouardel voulait bien me dire que *j'étais le seul ayant étudié la question.*

Je reste, Monsieur le Préfet, votre respectueux serviteur.

Ch. TELLIER,

20, rue Herold.

Paris, avril 1881.

IMPRIMERIE CENTRALE DES CHEMINS DE FER. — A. CHAIX ET C⁰
RUE BERGÈRE, 20, A PARIS. — 6156-1.